Comment faire 1 million de dollars Avec Bitcoin

Thomas Spiteri

Chapitres

1. Introduction à Bitcoin: les bases de la technologie Blockchain et de la crypto-monnaie
2. Comprendre l'économie Bitcoin: analyse de marché et stratégies d'investissement
3. Bitcoin Mining: le processus de création de nouveaux bitcoins
4. Transactions Bitcoin et gestion de portefeuille: comment acheter, vendre et sécuriser vos bitcoins
5. Le paysage juridique et réglementaire de Bitcoin: naviguer dans le monde complexe des lois sur la crypto-monnaie
6. Bitcoin et l'avenir des systèmes de paiement: comment la technologie Blockchain change la façon dont nous payons pour les biens et services
7. Bitcoin et Blockchain pour les entreprises: comment les entreprises utilisent la technologie pour perturber les industries
8. Sujets avancés en Bitcoin: des contrats intelligents aux réseaux Lightning
9. Sécurité et confidentialité Bitcoin: protéger vos actifs numériques contre les pirates et les escrocs
10. Conclusion: L'impact de Bitcoin sur le système financier mondial et l'avenir de l'argent.
11. Chapitre bonus : les meilleures entreprises à acheter gèrent et sécurisent vos bitcoins.

Chapitre 1
Les bases de la technologie Blockchain et de la crypto-monnaie

Dans ce premier chapitre, nous fournirons un aperçu de l'histoire, de la technologie et de l'état actuel de la crypto-monnaie connue sous le nom de Bitcoin. Ce chapitre couvrira les origines de Bitcoin, sa technologie blockchain sous-jacente et ses cas d'utilisation actuels. Nous discuterons également des concepts et termes clés liés à Bitcoin, tels que l'exploitation minière, les portefeuilles et les contrats intelligents. À la fin de ce chapitre, les lecteurs auront une solide compréhension des bases de Bitcoin et de l'impact potentiel qu'il peut avoir sur l'avenir de la finance et de la technologie.

1. L'origine de Bitcoin :

Les origines de Bitcoin remontent au livre blanc de 2008 écrit par le pseudonyme Satoshi Nakamoto. Ce document, intitulé « Bitcoin: un système de paiement électronique peer-to-peer », décrit un nouveau type de monnaie numérique décentralisée qui pourrait être transférée directement entre individus sans avoir besoin d'une autorité centrale. La principale innovation derrière Bitcoin était l'utilisation d'une blockchain, un registre distribué qui enregistre chaque transaction et est maintenu par un réseau d'ordinateurs. Cette technologie a assuré que toutes les transactions étaient transparentes, sécurisées et inviolables, et a ouvert la voie au développement d'autres crypto-monnaies.

2. Technologie Blockchain

La technologie Blockchain est l'épine dorsale de la crypto-monnaie, Bitcoin, et est essentiellement un registre numérique qui enregistre et vérifie les transactions sur un réseau décentralisé d'ordinateurs. Il s'agit d'un registre décentralisé et distribué qui enregistre toutes les transactions de manière sécurisée et transparente. La technologie utilise la cryptographie pour sécuriser les transactions et contrôler la création de nouvelles unités d'une crypto-monnaie particulière. Chaque bloc de la chaîne contient un certain nombre de transactions et une référence au bloc précédent, créant une chaîne de blocs, d'où le nom blockchain. Cela permet au réseau de maintenir un enregistrement cohérent et immuable de toutes les transactions sans avoir besoin d'un intermédiaire centralisé.

3. Utilisation actuelle

Bitcoin a été utilisé à diverses fins depuis sa création, notamment comme réserve de valeur, moyen d'échange et investissement spéculatif. L'un des cas d'utilisation les plus connus de Bitcoin est une forme d'or numérique, car il partage bon nombre des mêmes caractéristiques que l'or, notamment la rareté et la décentralisation. En outre, Bitcoin a été utilisé comme moyen de paiement pour des biens et des services, en particulier dans l'espace en ligne où les méthodes de paiement traditionnelles peuvent ne pas être aussi facilement accessibles. Plus récemment, Bitcoin a également été utilisé comme un investissement spéculatif, beaucoup achetant et détenant la crypto-monnaie dans l'espoir que sa valeur augmente avec le temps. L'utilisation de Bitcoin a également été utilisée pour faciliter des activités illégales, telles que le blanchiment d'argent, en raison de sa capacité à déplacer des fonds rapidement et anonymement.

4. Minier

L'exploitation minière est le processus par lequel de nouvelles transactions bitcoin sont ajoutées à la blockchain, le grand livre public de toutes les transactions bitcoin. C'est aussi le processus par lequel de nouveaux bitcoins sont créés. Le processus d'extraction implique l'utilisation de logiciels spécialisés pour résoudre des problèmes mathématiques complexes qui sont utilisés pour valider et enregistrer les transactions sur la blockchain. En récompense de leurs efforts, les mineurs reçoivent une certaine quantité de nouveaux bitcoins. Le processus d'exploitation minière est conçu pour être gourmand en ressources, il nécessite donc une quantité importante de puissance de calcul. Il s'agit de s'assurer que la création de nouveaux bitcoins est un processus coûteux et que l'offre de bitcoins est limitée, comme indiqué dans le livre blanc original.

5. Portefeuilles

Un portefeuille Bitcoin est un logiciel où les Bitcoins sont stockés. Pour être techniquement précis, les Bitcoins ne sont stockés nulle part; il y a une clé privée (numéro secret) pour chaque adresse Bitcoin qui est enregistrée dans le portefeuille Bitcoin de la personne qui possède le solde. Les portefeuilles Bitcoin facilitent l'envoi et la réception de Bitcoins et donnent la propriété du solde Bitcoin à l'utilisateur. Le portefeuille Bitcoin se présente sous de nombreuses formes; Le bureau, le mobile, le Web et le matériel sont les quatre principaux types de portefeuilles

6. Contrats intelligents

Les contrats intelligents sont des contrats auto-exécutables dont les termes de l'accord entre l'acheteur et le vendeur sont directement écrits dans des lignes de code. Le code et les accords qu'il applique existent sur un réseau décentralisé et s'exécutent automatiquement. Les contrats intelligents permettent l'automatisation des actifs numériques et permettent la création d'applications décentralisées (dApps) sur les réseaux blockchain. Ils ont le potentiel de rationaliser et d'automatiser de nombreux secteurs, de l'immobilier à la gestion de la chaîne d'approvisionnement.

Chapitre 2
Comprendre l'économie Bitcoin: analyse de marché et stratégies d'investissement

Dans ce chapitre, nous allons nous plonger dans l'état actuel du marché Bitcoin et explorer différentes stratégies d'analyse et d'investissement dans Bitcoin. Nous commencerons par discuter des bases de l'analyse de marché, y compris l'analyse technique, l'analyse fondamentale et l'analyse des sentiments.

Ensuite, nous explorerons les différentes stratégies d'investissement, telles que la détention, le trading et l'exploitation minière, ainsi que les avantages et les inconvénients de chacune. Nous aborderons également le concept de diversification et la création d'un portefeuille complet de crypto-monnaies.

En outre, nous discuterons des risques et des avantages d'investir dans Bitcoin et de la façon de vous protéger contre les pertes potentielles. À la fin de ce chapitre, vous aurez une solide compréhension du marché Bitcoin et de la façon de créer une stratégie d'investissement rentable.

1. Le marché Bitcoin

À ce jour, près de 19 millions ont été extraits sur les 21 millions d'approvisionnements
Fondamentalement, il ne reste que 2 millions à extraire, vous pouvez donc vous attendre à ce que le prix du bitcoin augmente de manière exponentielle.

La prochaine réduction de moitié du bitcoin devrait avoir lieu vers mai 2024.

Qu'est-ce que la réduction de moitié et comment affecte-t-elle l'exploitation minière de Bitcoin?

Une réduction de moitié de bitcoin (parfois « halvening ») est un événement où la récompense pour l'extraction de nouveaux blocs est réduite de moitié, ce qui signifie que les mineurs reçoivent 50% moins de bitcoins pour vérifier les transactions. Les réductions de moitié de Bitcoin sont prévues pour se produire une fois tous les 210 000 blocs – environ tous les quatre ans – jusqu'à ce que l'offre maximale de 21 millions de bitcoins ait été générée par le réseau.

Les halvings de Bitcoin sont des événements importants pour les traders car ils réduisent le nombre de nouveaux bitcoins générés par le réseau. Cela limite l'offre de nouvelles pièces, de sorte que les prix pourraient augmenter si la demande reste forte. Bien que cela se soit produit dans les mois précédant et suivant les moitiés précédentes – entraînant une appréciation rapide du prix du bitcoin – les circonstances entourant chaque réduction de moitié sont différentes et la demande de bitcoin peut fluctuer énormément.

2. Les différentes stratégies d'analyse et d'investissement dans Bitcoin

La détention reste la meilleure stratégie pour investir dans Bitcoin. Bitcoin atteindra 1 million de dollars par pièce dans une fourchette de 15 à 20 ans. Bien qu'il ait été très volatil et le restera, Bitcoin a suivi le Nasdaq comme tous les autres titres, il est donc juste de dire qu'il a sa place en tant que réserve de valeur numérique, un or numérique par essence.

Le trading de bitcoins peut être gratifiant si vous savez exactement ce que vous faites et avez les connaissances techniques pour le faire. Ceux qui négocient sur marge prennent des risques, surtout en ces temps incertains.

Un crash éclair et vous êtes confronté à un appel de marge et risquez de perdre tous vos investissements et nous l'avons vu maintes et maintes fois.
Mais si vous regardez où était Bitcoin en 2015 et maintenant, alors vous voyez que vous êtes dans l'argent si vous aviez investi au bon moment.

Est-il trop tard pour investir? Absolument pas et vous devriez envisager des achats récurrents avec tout ce que vous pouvez économiser. Mais le bitcoin ne doit pas constituer 100% de votre portefeuille.

Si vous êtes un trader avec des connaissances techniques, vous pouvez utiliser la moyenne mobile et l'indice de force relative (RSI) ainsi que d'autres graphiques techniques pour déterminer les signaux d'achat et de vente.

L'exploitation minière est-elle une option viable?

L'exploitation minière par vous-même est coûteuse, mais certaines entreprises offrent des services miniers tels que
MINAGE DE SENSATIONS (www.feel-mining.com)
Il s'agit d'une société réglementée par l'AMF qui est l'équivalent Français de la SEC.

Ne souscrivez pas à des sociétés minières qui ne sont pas réglementées ou vous risquez de perdre votre investissement.

L'exploitation minière de Bitcoin ou d'ETH devrait être une stratégie d'investissement à long terme et il y a un coût associé.
Il y a beaucoup de crypto-monnaies disponibles sur le marché, mais seules quelques-unes ont de vrais projets qui lui sont associés. Alors ne soyez pas idiot en achetant des pièces bon marché, généralement appelées pièces de merde
N'importe qui peut créer un jeton, mais 99,99% du temps, ils ne sont pas sauvegardés par quelque projet que ce soit.

Bitcoin et Ethereum sont essentiellement la seule crypto dans laquelle vous devriez vraiment investir à long terme

Chapitre 3
Bitcoin Mining: le processus de création de nouveaux bitcoins

1. Les aspects techniques de l'exploitation minière de Bitcoin, y compris l'utilisation de matériel et de logiciels spécialisés, et le processus de résolution de problèmes mathématiques complexes pour valider les transactions et créer de nouveaux bitcoins.
2. L'économie de l'exploitation minière Bitcoin, y compris les coûts de l'électricité, du matériel et d'autres dépenses, et les retours sur investissement potentiels pour les mineurs.
3. Les différents types de pools miniers, leurs avantages et leurs inconvénients, et comment choisir le meilleur pour vos besoins.
4. L'avenir de l'exploitation minière Bitcoin, y compris l'impact potentiel des progrès technologiques et des changements dans l'environnement réglementaire.
5. Comment mettre en place et exploiter une exploitation minière Bitcoin rentable, y compris des conseils sur la façon de minimiser les coûts et de maximiser les rendements.
6. Études de cas d'opérations minières Bitcoin réussies et leçons tirées des expériences de mineurs expérimentés.

1. Les aspects techniques de l'exploitation minière Bitcoin:

L'extraction de bitcoins est le processus par lequel de nouveaux bitcoins sont créés. C'est un processus décentralisé qui est effectué par un réseau d'ordinateurs résolvant des équations mathématiques complexes. Le processus est conçu pour être difficile, de sorte que seul un nombre spécifique de nouveaux bitcoins peut être créé chaque jour. Le nombre exact de nouveaux bitcoins créés par jour est déterminé par une formule mathématique appelée « récompense de bloc », conçue pour diminuer avec le temps. Ceci est fait pour contrôler l'offre totale de bitcoins et pour maintenir la valeur de la monnaie stable.

Les aspects techniques de l'exploitation minière Bitcoin impliquent l'utilisation de logiciels spécialisés pour résoudre des équations mathématiques complexes. Ces équations font partie du processus qui confirme les transactions sur le réseau Bitcoin. Lorsqu'un mineur résout l'une de ces équations, il est récompensé par un certain nombre de nouveaux bitcoins. Le processus d'exploitation minière contribue également à sécuriser le réseau Bitcoin en confirmant les transactions et en rendant difficile le contrôle du réseau par une personne ou un groupe.

Pour miner Bitcoin, vous avez besoin d'un ordinateur avec une puissante unité de traitement graphique (GPU) et un logiciel d'exploitation minière spécialisé. Vous devez également avoir accès à une grande quantité d'électricité, car le processus d'extraction peut être assez gourmand en énergie. La difficulté de miner Bitcoin a considérablement augmenté au fil du temps, et aujourd'hui, il n'est généralement rentable que pour ceux qui ont accès à de grandes quantités de puissance de calcul et à de l'électricité bon marché.

2. L'économie de Bitcoin Mining:

L'économie de l'exploitation minière Bitcoin est complexe et peut être affectée par divers facteurs, notamment le coût de l'électricité, le coût du matériel et d'autres dépenses.

L'un des principaux coûts associés à l'exploitation minière Bitcoin est le coût de l'électricité. Les mineurs doivent faire fonctionner leurs ordinateurs puissants 24 heures sur 24, 7 jours sur 7 afin de suivre la concurrence et de maintenir leur position dans le réseau. Cela nécessite une quantité importante d'énergie, ce qui peut être assez coûteux. En plus des coûts d'électricité, les mineurs doivent également investir dans du matériel spécialisé, tel que les ASIC, qui peuvent être assez coûteux. Ces coûts peuvent s'accumuler rapidement et gruger tout retour sur investissement potentiel.

Malgré ces coûts, de nombreux mineurs choisissent de participer au réseau Bitcoin en raison des récompenses potentielles. Lorsqu'un mineur résout avec succès un problème mathématique complexe et ajoute un bloc à la blockchain, il est récompensé par un certain nombre de bitcoins. Le nombre de bitcoins récompensés pour chaque bloc diminue avec le temps, mais la valeur des bitcoins peut également augmenter, ce qui en fait une entreprise potentiellement rentable. En outre, les mineurs peuvent également gagner des frais de transaction pour vérifier les transactions sur la blockchain, ce qui peut également contribuer à leur retour sur investissement.

Cependant, en raison de la forte concurrence dans l'industrie minière, il peut être difficile de prédire le rendement potentiel du capital investi. Le coût du matériel et de l'électricité peut également changer rapidement, ce qui rend difficile l'estimation de la rentabilité de l'exploitation minière Bitcoin. De plus, le prix du Bitcoin est très volatil, ce qui peut également rendre difficile la prédiction des retours sur investissement potentiels. Malgré ces défis, de nombreuses personnes choisissent encore d'exploiter Bitcoin en raison des récompenses potentielles et de la possibilité de faire partie d'un réseau décentralisé qui change le monde de la finance.

3. **Les différents types de pools miniers, leurs avantages et leurs inconvénients, et comment choisir le meilleur pour vos besoins**

Les pools miniers sont des groupes de mineurs qui combinent leurs ressources de calcul pour augmenter leurs chances de trouver de nouveaux blocs et de gagner des récompenses de bloc. Il existe plusieurs types de pools miniers, chacun avec ses propres avantages et inconvénients. Certains pools miniers sont grands et bien établis, tandis que d'autres sont petits et plus expérimentaux.

Lors du choix d'un pool minier, il est important de prendre en compte des facteurs tels que la taille du pool, les frais et la structure de récompense. Les grands pools peuvent avoir des paiements plus constants, mais ils peuvent aussi avoir des frais plus élevés.

D'autre part, les petits pools peuvent avoir des frais moins élevés, mais leurs paiements peuvent être moins cohérents. En outre, il est également important de tenir compte de la structure de récompense du pool, car certains pools utilisent un système proportionnel où les mineurs sont récompensés en fonction de la quantité de puissance de calcul qu'ils contribuent, tandis que d'autres utilisent un système de paiement par action où les mineurs sont récompensés en fonction du nombre d'actions qu'ils apportent. En fin de compte, le choix d'un pool minier dépendra des préférences et des objectifs individuels du mineur.

L'un des types les plus courants de pools miniers est le pool traditionnel, dans lequel les mineurs reçoivent une récompense fixe pour chaque bloc qu'ils aident à exploiter. Ces pools ont généralement un seuil de paiement minimum bas et offrent des paiements stables et cohérents.

Un autre type de pool minier est le pool de paiement par action (PPS), dans lequel les mineurs sont payés en fonction du nombre d'actions qu'ils contribuent au pool. Ces pools ont généralement un seuil de paiement minimum plus élevé, mais offrent des paiements plus élevés par action.

Un troisième type de pool minier est le pool proportionnel, dans lequel les mineurs sont payés en fonction de la proportion de la puissance de calcul totale qu'ils contribuent au pool. Ces pools offrent une structure de paiement plus variable, mais peuvent être plus rentables pour les mineurs dotés d'un matériel puissant.

Il existe d'autres types de pools miniers tels que le pool de minage solo, PPLNS, PPS + et plus encore. Chacun a ses propres avantages et inconvénients et il est important de les considérer afin de choisir le meilleur pour vos besoins.

4. L'avenir de l'exploitation minière Bitcoin, y compris l'impact potentiel des progrès technologiques et des changements dans l'environnement réglementaire.

L'avenir de l'exploitation minière bitcoin est incertain, il est probable que le processus minier continuera d'évoluer, à mesure que les progrès technologiques et les changements dans l'environnement réglementaire. Par exemple, l'utilisation croissante de sources d'énergie renouvelables et la mise au point de matériel minier plus économe en énergie pourraient contribuer à réduire l'impact environnemental de l'exploitation minière.

Les progrès technologiques sont susceptibles d'avoir un impact significatif sur l'avenir de l'exploitation minière Bitcoin. L'un des facteurs les plus importants est le développement d'un matériel minier plus efficace. À mesure que le matériel deviendra plus puissant et économe en énergie, le coût de l'extraction de Bitcoin diminuera. Cela pourrait rendre plus rentable pour les particuliers et les petites exploitations minières de participer au réseau, ce qui pourrait décentraliser le processus d'extraction.

Un autre développement technologique important est l'utilisation de puces spécialisées appelées circuits intégrés spécifiques à l'application (ASIC) spécialement conçues dans le but d'exploiter Bitcoin. Ces puces ont augmenté l'efficacité et la vitesse de l'exploitation minière, ce qui rend plus difficile pour les particuliers de concurrencer les grandes exploitations minières.

De plus, le développement de nouveaux algorithmes de consensus tels que la preuve d'enjeu (PoS), qui est une alternative à l'algorithme actuel de preuve de travail (PoW), peut changer la façon dont le réseau est sécurisé et la façon dont les nouveaux bitcoins sont frappés. Ces nouveaux algorithmes peuvent également rendre l'exploitation minière plus économe en énergie et moins dépendante du matériel spécialisé.

Enfin, l'environnement réglementaire est également susceptible de jouer un rôle dans l'avenir de l'exploitation minière de Bitcoin. Les gouvernements du monde entier sont encore en train de déterminer comment réglementer les crypto-monnaies, et les changements de réglementation pourraient avoir un impact important sur l'industrie minière. Par exemple, si les coûts de l'électricité augmentent en raison de la réglementation, cela pourrait rendre l'exploitation minière moins rentable et pourrait conduire à la centralisation des opérations minières dans les régions où la réglementation est plus favorable.

5. **Comment mettre en place et exploiter une exploitation minière Bitcoin rentable, y compris des conseils sur la façon de minimiser les coûts et de maximiser les rendements.**

Afin de mettre en place et d'exploiter une exploitation minière Bitcoin rentable, plusieurs facteurs importants doivent être pris en compte. Le premier est le coût de l'électricité, car cela peut avoir un impact majeur sur la rentabilité globale de l'opération. Les mineurs doivent trouver un endroit avec des tarifs d'électricité bas et une source d'énergie fiable.

Un autre facteur important à considérer est le coût du matériel. L'exploitation minière de Bitcoin nécessite des équipements spécialisés, tels que des ASIC (circuits intégrés spécifiques à une application), qui peuvent être coûteux à acheter et à entretenir. Les mineurs doivent également budgétiser le coût de l'équipement de refroidissement, car le processus d'extraction génère une quantité importante de chaleur.

Les mineurs doivent également tenir compte des retours sur investissement potentiels. Le prix du Bitcoin et la difficulté de l'exploitation minière peuvent fluctuer, il est donc important de faire une analyse de marché et de prendre une décision éclairée sur le moment de commencer à miner et de vendre les pièces extraites.

Enfin, les mineurs doivent également tenir compte de la réglementation dans les pays dans lesquels ils opèrent, car les lois et règlements peuvent avoir un impact considérable sur la rentabilité d'une exploitation minière. Il est important de connaître les taxes et les règlements qui s'appliquent aux opérations minières et de s'y conformer.

Lors de la mise en place et de l'exploitation d'une opération minière Bitcoin, il existe quelques stratégies clés que vous pouvez utiliser pour minimiser les coûts et maximiser les rendements. Une stratégie importante consiste à choisir soigneusement votre matériel minier. Cela signifie choisir un équipement économe en énergie, puissant et fiable. Il est également important de choisir un bon emplacement pour votre exploitation minière, car les coûts d'électricité peuvent varier considérablement selon l'endroit où vous vous trouvez.

Une autre stratégie importante consiste à rejoindre un pool minier. En rejoignant un pool minier, vous pouvez partager les coûts et les avantages de l'exploitation minière avec d'autres mineurs, ce qui peut vous aider à augmenter vos chances de réaliser un profit. Lors du choix d'un pool minier, il est important de tenir compte des frais du pool, de sa structure de paiement et de sa réputation globale.

Une stratégie de réduction des coûts consiste à utiliser des énergies renouvelables pour l'exploitation minière, ce qui peut aider à réduire considérablement le coût de l'électricité, qui est l'une des dépenses les plus importantes associées à l'exploitation minière de Bitcoin. Cela peut être fait en installant votre exploitation minière dans un endroit où les sources d'énergie renouvelables telles que l'énergie solaire ou hydroélectrique sont facilement disponibles ou en investissant dans des équipements d'énergie renouvelable tels que des panneaux solaires ou des éoliennes.

Enfin, il est important de rester informé des derniers développements dans l'industrie minière Bitcoin. Cela comprend de rester à jour sur le nouveau matériel et les nouveaux logiciels miniers, ainsi que sur les changements dans les réglementations et les conditions du marché. En restant informé, vous pouvez prendre de meilleures décisions sur la façon d'exploiter votre exploitation minière et vous pouvez être mieux préparé à vous adapter aux nouveaux défis à mesure qu'ils se présentent.
Régénérer la réponse

6. **Études de cas d'opérations minières Bitcoin réussies et leçons tirées des expériences de mineurs expérimentés.**

   1. L'emplacement est la clé. Les mineurs doivent trouver un endroit avec de faibles coûts d'électricité, car la consommation d'énergie est la principale dépense pour une exploitation minière. Certains mineurs ont réussi à utiliser des sources d'énergie renouvelables telles que l'énergie hydroélectrique ou géothermique.
   2. L'évolutivité est importante. Une exploitation minière devrait pouvoir facilement s'étendre et se mettre à niveau à mesure que la difficulté d'exploitation augmente et que de nouvelles technologies deviennent disponibles.
   3. Le réseautage est crucial. Rejoindre un pool minier ou créer un consortium minier peut aider les mineurs à augmenter leurs chances de trouver de nouveaux blocs et de gagner des récompenses.
   4. Restez informé. Se tenir au courant des derniers développements dans l'industrie minière Bitcoin et des changements réglementaires peut aider les mineurs à prendre de meilleures décisions et à rester compétitifs.

5. Regardez la situation dans son ensemble. L'exploitation minière de Bitcoin est un investissement à long terme, et les mineurs doivent avoir une compréhension claire des risques et des avantages potentiels avant de plonger.
6. Diversifiez vos opérations minières. Certains mineurs expérimentés ont diversifié leurs opérations minières en exploitant d'autres crypto-monnaies en plus de Bitcoin. Cela peut aider à compenser le risque d'extraction d'une crypto-monnaie spécifique.

Certaines des sociétés minières bitcoin les plus réputées sont:

1. Marathon Digital Holdings (MARA)

Marathon Digital Holdings, Inc. est une société de technologie d'actifs numériques, qui s'engage dans l'extraction de crypto-monnaies en mettant l'accent sur l'écosystème blockchain et la génération d'actifs numériques. La société a été fondée le 23 février 2010 et son siège social est situé à Las Vegas, NV.

2. RIOT Platforms Inc (RIOT)

Riot Platforms, Inc. est une société minière de bitcoins engagée dans la fourniture d'ordinateurs spéciaux d'extraction de crypto-monnaie. Elle investit dans Verady, Coinsquare et Tess. La société a été fondée le 24 juillet 2000 et son siège social est situé à Castle Rock, dans le Colorado.

Le cours de leur action dépend du prix du Bitcoin, mais en même temps, investir dans la valeur sous-jacente de Bitcoin par le biais de sociétés minières est un investissement intelligent et doit être considéré à long terme dans le cadre d'un portefeuille diversifié.

Chapitre 4
Transactions Bitcoin et gestion de portefeuille: comment acheter, vendre et sécuriser vos bitcoins

Quand il s'agit d'acheter et de vendre des Bitcoins, il existe une variété de méthodes que vous pouvez utiliser. Un moyen populaire consiste à utiliser un échange de crypto-monnaie, tel que Coinbase ou Binance, qui vous permet d'acheter et de vendre des Bitcoins (et d'autres crypto-monnaies) en utilisant de la monnaie fiduciaire (par exemple, USD, EUR) ou d'autres crypto-monnaies.

Une autre option consiste à utiliser un marché peer-to-peer, tel que LocalBitcoins, www.bitcoin.de, qui relie directement les acheteurs et les vendeurs. Dans ce cas, vous pourrez peut-être acheter des Bitcoins en espèces ou par virement bancaire, selon les préférences du vendeur.

Une fois que vous avez obtenu des Bitcoins, il est important de les stocker en toute sécurité. Une façon de le faire est d'utiliser un portefeuille logiciel, tel que le portefeuille Bitcoin Core ou Mycelium, qui vous permet de contrôler vos propres clés privées. Une autre option consiste à utiliser un portefeuille matériel, tel qu'un Trezor ou un Ledger, qui stocke vos clés privées sur un appareil sécurisé distinct de votre ordinateur.

Il est également essentiel de protéger votre ordinateur et votre appareil mobile contre les logiciels malveillants et les virus, et d'utiliser un mot de passe fort et unique pour votre portefeuille. Conservez votre graine de récupération dans un endroit sûr et évitez de partager votre clé privée avec qui que ce soit. De plus, assurez-vous que vous achetez auprès d'un vendeur réputé et faites vos propres recherches sur l'entreprise auprès de laquelle vous achetez avant de faire votre achat.

Coinbase est probablement la meilleure entreprise aux États-Unis et bitcoin.de dans l'UE pour acheter vos Bitcoins. Les deux sociétés sont réglementées dans leur pays respectif et n'opèrent pas en mer.

Vous pouvez configurer un achat récurrent sur Coinbase, ce qui facilite l'épargne à long terme.

Coinbase a plus de 150 crypto-monnaies répertoriées là-bas, il est donc plus facile de diversifier votre portefeuille. Mais encore une fois, assurez-vous de faire vos recherches avant d'acheter, car elles ne sont pas toutes soutenues par un projet sérieux et fiable.

Chapitre 5
Le paysage juridique et réglementaire de Bitcoin: naviguer dans le monde complexe des lois sur la crypto-monnaie

1. Un aperçu du statut juridique actuel de Bitcoin et d'autres crypto-monnaies dans différents pays du monde.
2. Les cadres réglementaires qui ont été mis en place par les gouvernements pour superviser l'utilisation et le commerce des cryptomonnaies, tels que l'obligation pour les bourses de s'enregistrer auprès des autorités financières et de mettre en œuvre des mesures de connaissance du client (KYC) et de lutte contre le blanchiment d'argent (AML).
3. Les risques et défis juridiques potentiels auxquels sont confrontés les entreprises et les particuliers qui utilisent Bitcoin, tels que les questions liées à la fiscalité, aux lois sur les valeurs mobilières et à la réglementation sur le transfert d'argent.
4. Le débat en cours sur la meilleure façon de réglementer et de légiférer pour l'utilisation de Bitcoin et d'autres crypto-monnaies, et les différentes approches adoptées par les gouvernements et les organisations internationales.
5. Comment naviguer dans le paysage juridique et réglementaire de Bitcoin et d'autres crypto-monnaies, y compris des conseils sur la conformité et les meilleures pratiques pour les entreprises et les particuliers.
6. L'avenir de la réglementation des crypto-monnaies
7. L'impact potentiel de la réglementation sur la croissance et l'adoption du Bitcoin et d'autres crypto-monnaies

1. Un aperçu du statut juridique actuel de Bitcoin et d'autres crypto-monnaies dans différents pays du monde.

Le statut juridique de Bitcoin et d'autres crypto-monnaies varie considérablement d'un pays à l'autre. Dans certains pays, comme le Japon et la Corée du Sud, Bitcoin et d'autres crypto-monnaies sont entièrement légaux et réglementés, et peuvent être achetés, vendus et utilisés pour des transactions comme n'importe quelle autre devise. Dans d'autres pays, comme la Chine et la Russie, l'utilisation de Bitcoin et d'autres crypto-monnaies est fortement restreinte ou carrément interdite.

Aux États-Unis, le statut juridique de Bitcoin et d'autres crypto-monnaies est encore quelque peu flou. L'IRS a classé Bitcoin comme propriété à des fins fiscales, mais la SEC et d'autres organismes de réglementation travaillent toujours à l'élaboration d'un cadre complet pour réglementer l'utilisation des crypto-monnaies. Cela a conduit à une mosaïque de réglementations et de directives au niveau des États, ce qui peut rendre difficile pour les particuliers et les entreprises de naviguer dans le paysage juridique de Bitcoin et d'autres crypto-monnaies.

En général, il est important pour les particuliers et les entreprises de rester informés des développements juridiques et réglementaires liés au Bitcoin et aux autres crypto-monnaies dans leur pays, ainsi que de toutes les lois internationales qui peuvent s'appliquer. Il est également important de demander des conseils juridiques professionnels lorsque vous vous engagez dans des transactions ou des activités liées à Bitcoin ou à d'autres crypto-monnaies.

En termes de réglementation, certains pays disposent d'un bac à sable réglementaire pour les crypto-actifs, qui est un cadre réglementaire qui permet aux innovateurs de tester de nouveaux produits, services ou modèles commerciaux liés aux crypto-actifs dans un environnement réel sous l'œil vigilant de l'organisme de réglementation. Cela vise à mieux comprendre les crypto-actifs et la technologie de la chaîne de blocs, et à clarifier la réglementation pour les participants de l'industrie.

Cela dit, voici les pays Bitcoin les plus amicaux au monde à ce jour.

- Suisse.

- Luxembourg.
- Gibraltar.
- Salvador.
- Singapour.
- Estonie.
- Allemagne.
- Portugal.

Pays exempts d'impôt Crypto:

- Îles Caïmanes. Résidence fiscale.
- Salvador. Résidence fiscale.
- Allemagne. Résidence fiscale.
- Malaisie. Résidence fiscale.
- Malte. Résidence fiscale.
- Portugal. Résidence fiscale.

2. **Les cadres réglementaires qui ont été mis en place par les gouvernements pour superviser l'utilisation et le commerce des cryptomonnaies, tels que l'obligation pour les bourses de s'enregistrer auprès des autorités financières et de mettre en œuvre des mesures de connaissance du client (KYC) et de lutte contre le blanchiment d'argent (AML).**

Le paysage juridique et réglementaire du Bitcoin et d'autres cryptomonnaies varie considérablement d'un pays à l'autre. Dans certains pays, tels que le Japon et la Corée du Sud, Bitcoin et d'autres crypto-monnaies sont entièrement légaux et réglementés, les échanges devant s'enregistrer auprès des autorités financières et mettre en œuvre des mesures de connaissance du client (KYC) et de lutte contre le blanchiment d'argent (AML). Dans d'autres pays, comme la Chine et l'Inde, l'utilisation des crypto-monnaies est fortement restreinte ou carrément interdite.

Pour naviguer dans le monde complexe des lois sur les crypto-monnaies, il est important de se tenir au courant des derniers développements et cadres réglementaires dans différents pays. Cela peut inclure la surveillance des annonces et des directives officielles du gouvernement, ainsi que le suivi des actions des organismes de réglementation tels que la Securities and Exchange Commission (SEC) aux États-Unis et la Financial Conduct Authority (FCA) au Royaume-Uni.

Il est également important d'être conscient que les lois et les règlements peuvent changer rapidement, il est donc important de rester informé et de s'adapter aux nouvelles règles et exigences au fur et à mesure qu'elles sortent. De plus, certains pays peuvent avoir des lois et des réglementations différentes pour différents types de crypto-monnaies, il est donc important de comprendre les règles spécifiques qui s'appliquent à la crypto-monnaie qui vous intéresse.

En outre, il est également important de prendre en compte les implications fiscales de l'achat, de la vente et de la détention de Bitcoin et d'autres crypto-monnaies. Dans de nombreux pays, les transactions de crypto-monnaie sont soumises à l'impôt sur les gains en capital, et il est important d'être conscient de ces obligations fiscales et de conserver des enregistrements précis de vos transactions.

Étant donné que les lois changent constamment et parfois ne sont pas en votre faveur, il est essentiel de choisir la bonne juridiction pour votre investissement.

Si vous détenez beaucoup de Bitcoins, il serait logique de déménager dans un pays fiscalement favorable.

3. Les risques et défis juridiques potentiels auxquels sont confrontés les entreprises et les particuliers qui utilisent Bitcoin, tels que les questions liées à la fiscalité, aux lois sur les valeurs mobilières et aux règlements sur le transfert d'argent

Les risques et défis juridiques potentiels auxquels sont confrontées les entreprises et les particuliers qui utilisent Bitcoin peuvent varier en fonction du pays ou de la juridiction dans laquelle ils opèrent. Voici quelques-unes des questions clés à prendre en considération :

- Fiscalité: Bitcoin et autres crypto-monnaies sont souvent traités comme des biens à des fins fiscales, ce qui signifie qu'ils peuvent être soumis à l'impôt sur les gains en capital lorsqu'ils sont vendus ou échangés contre d'autres devises. Cependant, le traitement fiscal de Bitcoin peut varier considérablement d'un pays à l'autre, et il est important de connaître les règles et réglementations spécifiques de votre juridiction.

- Lois sur les valeurs mobilières : Selon la façon dont Bitcoin est utilisé et commercialisé, il peut être considéré comme un titre et donc assujetti aux lois sur les valeurs mobilières. Cela peut être particulièrement pertinent pour les offres initiales de pièces de monnaie (ICO) et d'autres mécanismes de collecte de fonds impliquant la vente de jetons ou d'autres actifs numériques.

- Réglementation de la transmission d'argent: Bitcoin et d'autres crypto-monnaies sont souvent considérés comme une forme d'argent ou de valeur, et en tant que tels, ils peuvent être soumis à des règlements qui régissent la transmission de fonds. Cela peut inclure des exigences en matière de licence, d'enregistrement et de conformité aux réglementations en matière de lutte contre le blanchiment d'argent (AML) et de connaissance du client (KYC).

Dans l'ensemble, il est important d'être conscient du paysage juridique et réglementaire de Bitcoin et d'autres crypto-monnaies, et de demander conseil à un professionnel si vous avez des questions ou des préoccupations sur la façon dont ces lois peuvent s'appliquer à votre situation spécifique.

4. **Le débat en cours sur la meilleure façon de réglementer et de légiférer pour l'utilisation de Bitcoin et d'autres crypto-monnaies, et les différentes approches adoptées par les gouvernements et les organisations internationales.**

Le débat en cours sur la meilleure façon de réglementer et de légiférer pour l'utilisation de Bitcoin et d'autres crypto-monnaies est une question complexe et multidimensionnelle. D'une part, il y a ceux qui soutiennent que les crypto-monnaies devraient être traitées comme des actifs financiers traditionnels et soumises aux mêmes réglementations que les autres formes de monnaie. Cela impliquerait la mise en œuvre de règlements visant à prévenir le blanchiment d'argent et d'autres activités illégales, ainsi que des mesures visant à protéger les consommateurs et les investisseurs.

D'autre part, il y a ceux qui soutiennent que les crypto-monnaies devraient être traitées différemment des actifs financiers traditionnels, en raison de leur nature décentralisée et de leur potentiel à être utilisées à des fins innovantes et perturbatrices. Cela impliquerait d'adopter une approche plus passive de la réglementation, permettant à la technologie de se développer et d'évoluer sans étouffer l'innovation.

Les gouvernements et les organisations internationales adoptent des approches différentes en matière de réglementation des crypto-monnaies. Certains pays, comme le Japon et la Corée du Sud, ont adopté la technologie et ont mis en place des réglementations pour encourager son développement et son utilisation. D'autres pays, tels que la Chine et l'Inde, ont adopté une approche plus prudente, mettant en œuvre des réglementations strictes pour limiter l'utilisation des crypto-monnaies.

L'environnement réglementaire des cryptomonnaies est en constante évolution, alors que les gouvernements et les organisations internationales continuent de s'efforcer de trouver la meilleure façon de réglementer cette nouvelle technologie en évolution rapide. Il est important pour les entreprises et les particuliers qui utilisent Bitcoin de rester informés du paysage juridique et réglementaire de leurs pays respectifs et de consulter des experts juridiques pour s'assurer qu'ils sont en conformité avec toutes les lois et réglementations applicables.

5. **Comment naviguer dans le paysage juridique et réglementaire de Bitcoin et d'autres crypto-monnaies, y compris des conseils sur la conformité et les meilleures pratiques pour les entreprises et les particuliers.**

Naviguer dans le paysage juridique et réglementaire de Bitcoin et d'autres crypto-monnaies peut être complexe, car les lois et réglementations varient d'un pays à l'autre et évoluent encore dans de nombreux endroits. Voici quelques conseils sur la façon de naviguer dans ce paysage :

1. Renseignez-vous sur les lois et réglementations de votre pays ou région : comprenez le statut juridique actuel du Bitcoin et des autres crypto-monnaies dans votre pays, ainsi que toutes les lois et réglementations qui s'appliquent à leur utilisation et à leur commerce.
2. Restez à jour sur les changements et les développements: Les lois et règlements concernant les crypto-monnaies évoluent constamment, il est donc important de rester informé de tout changement ou nouveau développement.
3. Comprendre les exigences de conformité : De nombreux pays exigent que les entreprises et les particuliers qui utilisent Bitcoin et d'autres crypto-monnaies se conforment à certaines lois et réglementations, telles que les mesures de

connaissance du client (KYC) et de lutte contre le blanchiment d'argent (AML). Assurez-vous de bien comprendre ces exigences et de prendre des mesures pour vous y conformer.
4. Si vous êtes une entreprise ou un particulier qui utilise ou prévoit d'utiliser Bitcoin ou d'autres crypto-monnaies, c'est une bonne idée de consulter un professionnel du droit ou un comptable qui connaît bien les lois et réglementations de votre pays.
5. Soyez conscient des risques possibles: L'utilisation de Bitcoin et d'autres crypto-monnaies peut impliquer certains risques juridiques, tels que des questions liées à la fiscalité, aux lois sur les valeurs mobilières et aux réglementations en matière de transfert d'argent. Soyez conscient de ces risques et prenez des mesures pour les atténuer.
6. Suivez les meilleures pratiques: Adoptez les meilleures pratiques pour l'utilisation et la gestion de votre Bitcoin et d'autres crypto-monnaies, telles que la sécurité de vos clés privées, l'utilisation d'un portefeuille réputé et ne traiter qu'avec des parties de confiance.

6. L'avenir de la réglementation des crypto-monnaies

L'avenir de la réglementation des crypto-monnaies est incertain et peut varier en fonction du pays et de la région. Certains pays se sont montrés plus ouverts à l'adoption des crypto-monnaies et ont mis en place des réglementations relativement permissives, tandis que d'autres ont carrément interdit leur utilisation.

En général, on s'attend à ce que les gouvernements continuent d'examiner de plus près l'utilisation et le commerce des crypto-monnaies et mettent en place des réglementations plus strictes afin de répondre aux préoccupations concernant le blanchiment d'argent, la fraude et d'autres crimes financiers. Cela pourrait inclure une surveillance accrue des échanges de crypto-monnaie, des exigences plus strictes en matière d'identification et de vérification des clients et de nouvelles règles en matière de fiscalité.

D'autre part, certains experts comme Larry Fink, PDG de Blackrock, estiment que la technologie derrière les crypto-monnaies, en particulier la blockchain, a le potentiel de révolutionner les industries au-delà de la finance. Cela pourrait conduire à une réglementation plus souple et à une adoption par le gouvernement à l'avenir.

Des organisations internationales telles que le G20 et le Groupe d'action financière (GAFI) ont également discuté de normes mondiales potentielles pour la réglementation de la crypto-monnaie. Cependant, en raison de la nature décentralisée des crypto-monnaies, il est peu probable qu'un consensus mondial soit atteint facilement.

7. L'impact potentiel de la réglementation sur la croissance et l'adoption du Bitcoin et d'autres crypto-monnaies

L'impact potentiel de la réglementation sur la croissance et l'adoption de Bitcoin et d'autres crypto-monnaies est un sujet de débat en cours. D'une part, certains soutiennent que la réglementation peut conférer une plus grande légitimité et stabilité au marché, le rendant plus attrayant pour les entreprises et les investisseurs. La réglementation peut également aider à prévenir les activités illégales telles que le blanchiment d'argent et la fraude. D'autre part, d'autres soutiennent que de lourdes réglementations pourraient étouffer l'innovation et limiter l'attrait des crypto-monnaies en tant qu'alternative décentralisée aux systèmes financiers traditionnels.

Pour ce qui est de la réglementation particulière, il y a un certain nombre de domaines où les gouvernements ont commencé à prendre des mesures. L'une des plus importantes est l'obligation pour les bourses de s'enregistrer auprès des autorités financières et de mettre en œuvre des mesures de connaissance du client (KYC) et de lutte contre le blanchiment d'argent (AML). Ces règlements visent à prévenir les activités illégales telles que le blanchiment d'argent et la fraude, mais ils peuvent également rendre plus difficile pour les individus d'utiliser Bitcoin et d'autres crypto-monnaies de manière anonyme.

Un autre domaine d'intérêt réglementaire a été la fiscalité. Dans de nombreux pays, Bitcoin et d'autres crypto-monnaies sont traités comme des biens à des fins fiscales, ce qui signifie que les particuliers et les entreprises doivent payer des impôts sur les gains en capital lorsqu'ils vendent ou échangent leurs pièces. Cela peut créer une complexité et des coûts de conformité supplémentaires pour les utilisateurs et peut également décourager certaines personnes d'utiliser Bitcoin et d'autres crypto-monnaies.

Enfin, des débats sont en cours sur la façon de réglementer l'utilisation de Bitcoin et d'autres crypto-monnaies dans des domaines tels que les lois sur les valeurs mobilières et les réglementations en matière de transfert d'argent. Certains gouvernements ont adopté une approche plus passive, tandis que d'autres ont proposé ou mis en œuvre des mesures plus restrictives. À mesure que le marché continue d'évoluer, il est probable que le paysage réglementaire continuera également de changer. L'avenir de la réglementation est incertain, et cela dépend de la façon dont le marché et les gouvernements s'adaptent à la nouvelle technologie.

Chapitre 6
Bitcoin et l'avenir des systèmes de paiement: comment la technologie Blockchain change la façon dont nous payons pour les biens et services

La technologie blockchain, la technologie sous-jacente derrière Bitcoin et d'autres crypto-monnaies, a le potentiel de révolutionner la façon dont nous payons pour les biens et services. L'un des principaux avantages de la technologie blockchain est sa capacité à permettre des transactions sécurisées, décentralisées et transparentes. Cela signifie que les transactions peuvent être effectuées sans avoir besoin d'un intermédiaire central, tel qu'une banque, et peuvent être suivies et vérifiées par n'importe qui sur le réseau blockchain.

L'une des principales façons dont la technologie blockchain change la façon dont nous payons pour les biens et services est l'utilisation de la crypto-monnaie. Bitcoin et d'autres crypto-monnaies peuvent être utilisés pour effectuer des paiements pour des biens et des services, tout comme les monnaies fiduciaires traditionnelles. L'avantage de l'utilisation de la crypto-monnaie est que les transactions peuvent être effectuées plus rapidement et à un coût inférieur à celui des méthodes de paiement traditionnelles. De plus, les transactions de crypto-monnaie sont généralement plus sécurisées, car elles sont protégées par un cryptage avancé et ne sont pas sujettes à la fraude ou aux rétrofacturations.

Une autre façon dont la technologie blockchain change la façon dont nous payons pour les biens et services est l'utilisation de contrats intelligents. Les contrats intelligents sont des contrats auto-exécutables dont les termes de l'accord entre l'acheteur et le vendeur sont directement écrits dans des lignes de code. Ces contrats sont stockés et répliqués sur le réseau blockchain et peuvent être exécutés automatiquement lorsque certaines conditions sont remplies. Les contrats intelligents peuvent être utilisés pour faciliter divers types de transactions, y compris l'échange d'argent, de biens et de services.

Enfin, la technologie blockchain a le potentiel de changer la façon dont nous payons pour les biens et services grâce à l'utilisation de marchés et de plateformes décentralisés. Ces plates-formes peuvent utiliser des contrats intelligents et la technologie blockchain pour permettre des transactions peer-to-peer sans avoir besoin d'un intermédiaire central. Cela peut conduire à des marchés plus efficaces et rentables, avec des frais de transaction moins élevés et moins de fraude.

En résumé, la technologie blockchain a le potentiel de changer la façon dont nous payons pour les biens et services en permettant des transactions sécurisées, décentralisées et transparentes grâce à l'utilisation de la crypto-monnaie, des contrats intelligents et des marchés décentralisés.

Chapitre 7
Bitcoin et Blockchain pour les entreprises: comment les entreprises utilisent la technologie pour perturber les industries

La technologie Blockchain est une nouvelle façon révolutionnaire de stocker et de partager des données qui a le potentiel de perturber de nombreuses industries différentes. L'une des principales façons dont il change la façon dont nous payons pour les biens et services est l'utilisation de crypto-monnaies comme Bitcoin. Ces monnaies numériques utilisent la technologie blockchain pour permettre des transactions rapides, sécurisées et sans frontières sans avoir besoin d'intermédiaires tels que les banques ou les sociétés émettrices de cartes de crédit.

Les entreprises d'un large éventail d'industries commencent à explorer le potentiel de la technologie blockchain et l'utilisent pour créer des produits et services nouveaux et innovants. Par exemple, dans le secteur financier, la blockchain est utilisée pour créer des échanges et des plates-formes décentralisés pour les prêts entre pairs et le financement participatif. Dans l'industrie de la chaîne d'approvisionnement, la blockchain est utilisée pour créer des systèmes plus transparents et efficaces pour suivre le mouvement des marchandises et s'assurer qu'elles proviennent de sources éthiques.

Un autre domaine où la blockchain a un impact significatif est celui de l'identité numérique. Les systèmes basés sur la blockchain peuvent être utilisés pour créer des identités numériques sécurisées, décentralisées et inviolables qui peuvent être utilisées à des fins très diverses, telles que le vote, les opérations bancaires et l'accès aux services gouvernementaux.

Enfin, la blockchain est également utilisée pour créer de nouveaux modèles commerciaux et sources de revenus. Par exemple, les plates-formes basées sur la blockchain comme Steemit et Akasha utilisent la blockchain pour créer des réseaux de médias sociaux décentralisés où les utilisateurs sont récompensés par une crypto-monnaie pour la création et la conservation de contenu. Et les plates-formes basées sur la blockchain comme Ethereum permettent la création d'organisations autonomes décentralisées (DAO) qui peuvent fonctionner sans avoir besoin de surveillance humaine.

Dans l'ensemble, la technologie blockchain change la façon dont nous payons pour les biens et services et permet aux entreprises de perturber les industries traditionnelles et de créer de nouveaux modèles commerciaux.

Chapitre 8
Sujets avancés en Bitcoin: des contrats intelligents aux réseaux Lightning

L'évolution de la technologie blockchain a conduit au développement de nouvelles fonctionnalités et capacités au-delà du concept de base d'un registre décentralisé. L'un de ces développements est l'utilisation de contrats intelligents, qui sont des contrats auto-exécutables avec les termes de l'accord écrits directement dans des lignes de code. Cela permet l'exécution automatique du contrat dès que certaines conditions prédéfinies sont remplies. Les contrats intelligents peuvent être utilisés pour un large éventail d'applications, de la gestion de la chaîne d'approvisionnement aux transactions immobilières.

Un autre développement de la technologie blockchain est l'utilisation de Lightning Networks, conçus pour augmenter l'évolutivité et la vitesse des transactions sur le Bitcoin et d'autres réseaux blockchain. Ceci est réalisé en créant une deuxième couche au-dessus de la blockchain qui peut gérer un volume élevé de petites transactions hors chaîne, seuls les résultats finaux étant enregistrés sur la blockchain. Cela peut réduire considérablement la quantité de données à traiter et à stocker sur la blockchain, ce qui permet des transactions plus rapides et moins chères.

L'utilisation de contrats intelligents et de réseaux de foudre ne sont que deux exemples de la façon dont la technologie blockchain est développée pour répondre aux besoins changeants des entreprises et des consommateurs. À mesure que la technologie continue d'évoluer, nous pouvons nous attendre à voir des utilisations et des capacités encore plus innovantes à l'avenir.

Au fur et à mesure que la technologie évolue, les entreprises et les entrepreneurs trouvent de plus en plus de moyens de l'appliquer à diverses industries. De la finance à la santé, en passant par la logistique, la technologie blockchain aide les entreprises à perturber les modèles commerciaux traditionnels, à accroître la transparence et l'efficacité et à créer de nouvelles opportunités de croissance et d'innovation.

Chapitre 9
Sécurité et confidentialité Bitcoin: protéger vos actifs numériques contre les pirates et les escrocs

La protection de vos actifs numériques, tels que Bitcoin et d'autres crypto-monnaies, contre les pirates informatiques et les escrocs est un aspect essentiel de l'utilisation de ces actifs. Voici quelques conseils pour vous aider à protéger vos actifs :

1. Utilisez un portefeuille matériel: Les portefeuilles matériels sont des appareils physiques qui stockent vos clés privées hors ligne, ce qui les rend beaucoup plus difficiles à pirater que les portefeuilles logiciels.
2. Activer l'authentification à deux facteurs : l'authentification à deux facteurs (2FA) ajoute une couche de sécurité supplémentaire en exigeant un code de votre téléphone en plus de votre mot de passe.
3. Maintenez votre logiciel à jour : la mise à jour régulière de votre logiciel, y compris votre système d'exploitation et tout logiciel de portefeuille, peut vous aider à vous protéger contre les vulnérabilités connues.
4. Méfiez-vous des tentatives d'hameçonnage : Les escrocs peuvent essayer de vous inciter à leur donner vos clés privées ou vos phrases de départ en prétendant être un site Web ou un service légitime. Vérifiez toujours l'URL et faites attention à ne pas cliquer sur des liens dans des courriels ou des messages.
5. Évitez le Wi-Fi public : Les réseaux Wi-Fi publics peuvent être vulnérables au piratage, il est donc préférable d'éviter de les utiliser pour accéder à vos actifs numériques.
6. Renseignez-vous : Restez informé des dernières escroqueries et tentatives de piratage afin de savoir à quoi faire attention.
7. Diversifiez vos actifs : Au lieu de conserver tous vos actifs numériques au même endroit, envisagez de les répartir sur différents portefeuilles et services pour minimiser vos risques.

En suivant ces directives et en étant vigilant, vous pouvez protéger vos actifs numériques contre les pirates informatiques et les escrocs

Chapitre 10
Conclusion: L'impact de Bitcoin sur le système financier mondial et l'avenir de l'argent

Bitcoin et d'autres crypto-monnaies ont le potentiel d'avoir un impact considérable sur le système financier mondial et la façon dont nous pensons à l'argent. L'une des principales caractéristiques de Bitcoin est qu'il est décentralisé, ce qui signifie qu'il n'est contrôlé par aucun gouvernement ou institution. Cela permet une plus grande transparence et sécurité dans les transactions, car il n'y a pas de point de défaillance central qui puisse être ciblé par les pirates.

De plus, l'utilisation de la technologie blockchain, qui sous-tend Bitcoin et d'autres crypto-monnaies, permet des transactions plus rapides et moins chères par rapport aux systèmes financiers traditionnels. Cela peut grandement profiter aux particuliers et aux entreprises dans les régions sous-bancarisées ou sous-développées, ainsi que réduire les coûts et augmenter la vitesse du commerce mondial.

Cependant, les impacts négatifs potentiels de Bitcoin et d'autres crypto-monnaies sur le système financier mondial suscitent également des inquiétudes. Il s'agit notamment du potentiel d'activités illégales telles que le blanchiment d'argent et l'évasion fiscale, ainsi que de la volatilité du marché et de l'absence de réglementation.

Malgré ces préoccupations, il est clair que Bitcoin et d'autres crypto-monnaies ont le potentiel d'avoir un impact considérable sur l'avenir de l'argent et du système financier mondial. À mesure que la technologie et l'infrastructure entourant ces actifs numériques continuent de mûrir et d'évoluer, il sera important pour les gouvernements, les institutions financières et les particuliers de comprendre et de s'adapter aux changements apportés par cette technologie révolutionnaire.

Chapitre bonus : les meilleures entreprises à acheter gèrent et sécurisent vos bitcoins.

Il existe un certain nombre d'entreprises qui offrent des services pour l'achat, la gestion et la sécurisation des bitcoins. Certaines des entreprises les plus populaires et les mieux établies dans l'espace comprennent:

1. Coinbase: L'une des plates-formes les plus populaires et les plus conviviales pour acheter, vendre et stocker des bitcoins. Il propose une application mobile et est disponible dans plus de 100 pays.
2. Blockchain.com: Un fournisseur de portefeuille populaire qui offre également une suite d'outils pour la gestion et le commerce de bitcoins. Il est considéré comme l'une des options de portefeuille les plus sécurisées.
3. Binance: Un échange de crypto-monnaie de premier plan qui offre une large gamme de paires de trading, y compris Bitcoin.
4. Ledger: Une entreprise qui offre une gamme de portefeuilles matériels pour stocker et gérer des bitcoins hors ligne, ce qui est considéré comme le moyen le plus sûr de stocker des actifs numériques.
5. Trezor: Une autre société qui propose une gamme de portefeuilles matériels pour stocker des bitcoins hors ligne.
6. PayPal: vous pouvez définir un ordre d'achat récurrent pour Bitcoin et ETH
7. Revolut : une société fintech qui propose une gamme de crypto monnaies
8. Nexo: une société réglementée fintech qui offre une gamme de crypto soigneusement choisies. Nexo propose une carte de débit que vous pouvez utiliser pour dépenser sans vendre votre crypto.
9. Etoro: une société fintech d'Israël. Bien que la propagation soit plus chère, il s'agit d'une entreprise fiable qui propose un portefeuille sécurisé Bitcoin et une carte de débit.

Si vous souhaitez acheter la valeur sous-jacente de Bitcoin ou d'Ethereum, vous pouvez choisir d'investir dans les sociétés suivantes :

MARA
ÉMEUTE
COINBASE
MSTR (MICROSTRATEGY INC)
PayPal

En règle générale, quoi que vous gagniez, vous devriez toujours essayer de vivre avec 70% de votre revenu, mettre 20% en épargne et 10% pour payer vos dettes. Plus facile à dire qu'à faire, mais si vous vous y tenez, vous êtes sur la bonne voie pour gagner 1 million de dollars et plus. Il peut être en Bitcoin seulement, mais encore une fois, un portefeuille diversifié est la meilleure sécurité que vous puissiez vous donner.

Une seule chose est certaine, c'est-à-dire que rien n'est certain.

www.ingramcontent.com/pod-product-compliance
Lightning Source LLC
Chambersburg PA
CBHW050321220526
45465CB00005B/2084